JN409163

이상영 시조시집

섬진강 연가

도서출판 진실한 사람들

| 시인의 말 |

인생의 황금기와 마찬가지로 시를 쓰는 가장 알맞은 시기는 삼십대 전후가 옳지 싶다. 그토록 값진 세월을 헛되이 보내고, 머리에 허옇게 서리가 내려앉은 이 나이에 부산을 떠는 내 꼴이 왠지 민망스럽기 그지없다.

저 깊은 산속 퐁퐁 솟는 옹달샘 같은 맑은 시상詩想이 무시로 떠오른다면 얼마나 좋으랴. 그런데 안간힘써서 힘껏 쥐어짜도 맑은 시상은커녕, 흐릿한 시상마저 가뭄에 콩 나듯 하니 여간 괴롭지가 않다.

그러나 바람벽만 쳐다보며 여생을 덧없이 보내느니 맑은 시상이 아니더라도 거르지만 말고 샘솟았으면 하는 바람을 안고 시를 쓴다. 인고의 과정은 괴롭기 그지없지만, 한 편의 시를 완성한 뒤의 그 기쁨은 이루 형용할 수가 없다.

나는 이따금 아직은 걸을 수 있고, 먹을 수 있고, 글을 쓸 수 있는 은혜를 베풀어주신 하나님께 감사를 드린다. 그리고 이나마 건강할 때 부지런히 글을 써야겠다고 다짐한다. 그래서 설익은 시작詩作의 펜을 놓지 않고 있는 것이다.

뒤돌아보니 나는 오래전부터 줄곧 원고지와 씨름을 해왔다. 그러나 문학 분야가 아닌 편집계통에서 잔뼈가 굵었다. 그 덕에 궁핍은 간신히 면했으나, 소싯적부터 동경했던 문학세계와는 오랜동안 담을 쌓고 지냈다.

눈코 뜰 사이 없이 바쁜 틈을 타 사보社報나 홍보물 등에 이따금 시문詩文을 게재함으로써 허전한 마음을 메꾼게 고작이었다.

그러다가 은퇴 후에 고조할아버지와 증조할아버지의 한시집漢詩集을 국역國譯하는 일에 매달려 한동안 밤을 지새우다시피 했었다. 그리고 전주사범 동기모임의 문예·교양지인 〈고덕삼우〉의 편집인을 맡아 꼬박 10년 세월을 보냈다.

그러다가 모처럼 시간적 여유를 되찾으면서 시조에 관심을 기울인 끝에 〈문예비전〉 신인상 수상의 기쁨을 안게 되었다. 늦어도 한참 뒤늦은 80대에….

등단 이후, 매달 한 번씩 모임을 갖는 문예비전문인회의 '문비모임'을 통해 보고 듣고 깨달아 얻는 바가 많았다. 온후한 성품과 고운 심성을 지닌 여러 문우들과 철따라 이곳저곳 문학기행을 다니면서 견문을 넓히고 시상을 가다듬은 값진 시간들을 내 어찌 잊으리.

앞으로도 건강이 주어지는 한, 우직한 소걸음을 마다하지 않을 것이다. 뚜벅뚜벅 걷다보면 퐁퐁 솟는 옹달샘 같은 맑은 시상도 더러는 떠오를 것이기 때문에….

끝으로 시집상재에 때맞추어 2017 ASYAAF(아시아 대학생·청년작가 미술축제)에 출품전시된 둘째손녀의 채색화로 표지를 장정하게 되어 더할 나위 없이 기쁘다.

2018년 11월 눈부신 가을날

靜江 이 상 영

차 례

제1부

제2부

제3부

제4부

제5부(자유시)

제 1 부

복날

장머리 수박장수
전대纏帶가 볼록하고

가마솥 펄펄 끓는
뒷골목이 들썩인다

불황不況도 살짝 비켜선
복날의 오일장터

수양벚꽃

치렁치렁 늘어뜨린
연분홍 수양벚꽃

백만 송이 활짝 피어
눈이 부신 한나절

몰려든 사람물결에
꽃잎들이 파르르

가는 봄

꽃보라 잠재우며
초록물결 밀려온다

꽃 잔치 하다말고
시들먹한 봄의 정취

황망히 고개 떨구며
내년에 또 보잔다

털중나리

두멧골 처녀 닮아
다소곳한 꽃부리

황적색 얼굴에 핀
주근깨가 황홀하다

초여름 산등성에서
땡볕 쬐며 웃는 꽃

신분당선

두름길 뿌리치고
지름길로 가라네

애돌아 한참 갔던
강남이 바로 코앞

삽시에 오갈 수 있는
정자역이 북적댄다

입춘

바람은 차가와도
햇살은 봄의 문턱

묵향 그윽한 휘호
입춘방 내붙이고

달떠서 흥얼거렸다
고운 노래 봄처녀

조락凋落

늦가을 바람살에
날리는 가랑잎들

매몰찬 길바닥을
산란히 나뒹굴며

뭇사람 발에 밟히는
천더기가 되누나

고 적孤寂

아내와 영이별한
그 가을 다시 본다

갈대밭 출렁이고
꽃단풍 작작灼灼 타는…

계절은 돌고 도는데
이 가을도 혼자서

생일 선물

손자가 손수 끓인
미역국 한 대접을

호로록 비웠더니
힘 불끈 치솟는다

살가운 소반小盤 한 끼가
백약百藥보다 낫구나

역설逆說

흠 없는 구슬처럼
깨끗이 처세하라

귀에 못 박히도록
듣고 자란 덕으로

한평생 얻은 것보다
잃은 것이 몇 곱절

푸른 하늘

보고 또 바라보면
추억이 꼬리 문다

하늘바다 수면에
번갈아 부침浮沈하는

감감한 어린 시절의
골목쟁이 또래들

휴 면休眠

조용히 분주하게
잎사귀 훌훌 털고

황망히 겨울문턱
수런대며 넘더니만

단잠에 푹 빠져버린
동지섣달
텅
빈
숲

제 2 부

손 · 1

뒤란의 큰 감나무
빨갛게 불을 켜면

날마다 홍시 하나
내 입에 넣어 주신

곱살한 어머님 손이
꿀물처럼 달곰했다

손 · 2

아무리 쪼들려도
내색을 않으시고

책 사게 돈 달라면
말없이 지갑 여신

아버지 그 손 덕분에
꿈을 펼친 이 아들

손 · 3

출근 때 대문에서
"어서 가!"
흔드시고

퇴근 때 대문에서
"어서 와!"
반겨주신

새내기 교사시절의
외할머니
야윈 손

손 · 4

이토록 내 마음이
허전할 줄 몰랐네

이토록 내 가슴이
시릴 줄도 몰랐네

내 등을 긁어주던 손
옆에 있던 그때는

시월상달

천당이 곁에 있네
지상낙원 상달일세

풍요 거둔 산과 들
오색무늬 채화같고

탁 트인 천심天心을 닮아
오가는 정情 푸근타

고향의 옛집

새로 난 넓은 길에
곳대 높은 상가건물
아무리 둘러봐도
흔적 없는 옛 고향집

찾아온
고향땅에서
이방인이 되었네

감또개 줍던 고샅
도랑물 흐르던 곳
이쯤일까 저쯤일까
어릴 적 내 살던 집

돌아선
무거운 발걸음
정처 없이 걸었다

늙바탕

봄맞이 엊그젠데
어느새 여름가고

가을하늘 높더니만
시샘하는 겨울눈

하루는 더디게 가도
사시절은 휘휘 돈다

바래봉

오월의 산등성이 진분홍 철쭉꽃밭
몽실몽실 뭉쳐나 새색시 이불 폈네
하늘과 입맞춤하며 천상화원天上花園 넘볼 듯이

혹독한 겨울을 난, 연초록 능선 따라
십리길 달뜬 환희 귀엣말로 소곤댄다
'황홀한 사랑의 기쁨* 흠뻑 젖고 가시라'

*사랑의 기쁨 - 철쭉의 꽃말

가을 산행

아프도록 시린 하늘
한없이 푸르른데
바람에 실려 오는
햇살도 눈부셔라

가을이
영그는 소리
산에 들에 가득하네

깎아지른 절벽에는
단풍물이 흔들리고
세월에 스친 냇물
함께 젖어 흐르는데

수채화
천연天然 화폭을
보란 듯이 펼쳤다

명품수박

배송된 선물상자
포장 뜯고 보았더니
양동이 크기만 한
명품수박 한 덩이

호박에
줄을 그었나?
어째 맛이 밍밍하다

이름값도 못하는
설익은 끝물수박
먹자니 고역이요
버리자니 죄만하고

남에게
선심 쓰자니
욕감태기 되겠다

산 위에서

하늘을 우러르면 내가 몹시 작아 뵈도
마을을 굽어보면 내가 엄청 커 보인다
이렇듯 세상만사는 생각하기 나름일세

근처만 살펴보면 얻는 게 미미하고
먼 곳만 바라보면 세세한 것 놓치거늘
흔히들 한쪽만 보고 자기 본 게 옳다한다

겹경사 慶事

맏손녀 시집가고 맏손자 장가들고
겹경사 수월수월 생시에 보게 될 줄
꿈에도 생각 못했던 2017 고마워라

둘째손녀 입사하고 막내손녀 대학가고
똑같이 소망이뤄 어깨 활짝 펼 줄이야
한시름 선뜻 덜어준 2018 고마워라

제 3 부

뜨거운 여름

더워도 너무 덥다 난생 처음 겪는 폭염
해 뜨면 불볕이요 해가 지면 찜통 속
이 한 몸 추스르기도 귀찮고 버거워라

온열질환 겁먹고 집속에 갇혀 사니
오금이 마구 쑤셔 생병이 날 것 같다
참으로 지독스러운 무술년* 한여름아

*무술년 : 2018년

명절 무렵

추석빔 차려입은 아가들이 몰려와
노래판 앙증맞게 한바탕 선보이고
할머니 할아버지들 무릎 깔고 앉았다

굴러온 꽃망울들 놓칠세라 꼭 껴안고
저마다 흥에 겨워 깔깔 껄껄 배꼽 쥐니
짝꿍도 신바람이 나 연거푸 까르르르

판박이 따분한 삶, 오늘만은 비켜 가라
흠쾌한 웃음폭탄 바람벽 간질이며
한동안 잠잠히 지낸 경로당이 들썩인다

구미동九美洞의 가을

잔물결 부서지는 징검다리 건너편
하얗게 나붓대는 갈대밭 옆에 끼고
활기찬 발걸음들이 쉴 새 없이 오간다

갓길엔 자전거가 줄달아 내달리고
코트에선 바스켓에 공 넣는 젊은이들
반려견 놀이공간도 왁실덕실 흥겹다

오리 떼 둥실둥실 강심에서 먹이 찾고
파드닥 꼬리치는 잉어들의 날쌘 몸짓
탄천炭川이 생글거리며 구미동*을 휘돈다

*구미동 : 성남시 분당구 남단에 있는 마을

두물머리에서

산바람 강바람이 화음和音내는 두물머리
험한 뱃길, 끝 알리는 규목槻木이 푯대처럼
세월을 지키고 섰다. 옛 나루터 그리며

합수친 이곳에서 더 큰 물로 거듭나
한강의 기적이룬 지난날의 그 젖줄
오늘도 휘돌아간다. 서울 거쳐 서해로

DMZ 저쪽 물과 이쪽 물이 어울리듯
남북이 화동和同하는 그날이여 쉬이 오렴
양수리兩水里 소원쉼터서 간절한 맘 띄운다

곱삶이

곱삶이 맛집에서 소싯적 떠올렸네
뱃가죽 등에 붙어 물배를 채우면서
허리띠 바짝 죄었던 보릿고개 그 시절

곱삶이 먹고 나면 무시로 방귀뀌고
행여나 배 꺼질라 발걸음 사붓사붓
헐쭉한 몸을 가누며 긴긴낮을 버텼다

곱삶이 바닥나면 칡뿌리 캐서 먹고
소나무 껍질 벗겨 질근질근 곱씹으며
부황난 얼굴 보면서 그 고개를 넘었네

배부른 세상만나 거들떠보지 않다
늙마에 입에 대니 참으로 별미구나
단골 손 입소문타고 날개 돋친 곱삶이

근황近況

-안부를 묻는 누이에게

혼자서 눈을 뜨고 아침밥도 달랑 혼자
설거지 하고나면 청소하랴 빨래하랴
늘그막 나 홀로 살림 공연스레 바쁘다

장보러 가려는데 따르릉 전화소리
바람 쐬러 나오라는 친구의 으름장에
생각을 고쳐먹고서 허둥지둥 나간다

철철철 넘치는 정 주고받고 하노라면
몸 거뜬 마음 거뜬 부러울 게 하나 없어
껄껄껄 맞장구치며 시린 가슴 녹인다

땅거미 질 무렵에 내 집이라 찾아와
TV화면 돌려가며 이것저것 보고 듣다
나 혼자 잠자리 펴고 새우잠을 청한다

지하철 풍속도風俗圖

앉거나 서 있거나 두 눈을 붙박은 채
스마트폰 액정화면 요리조리 넘기고
톡톡톡 두들기면서 삼매경에 들어간다

내리면 올라타고 서 있다간 편히 앉고
사람은 바뀌어도 손놀림은 판박이다
배시시 웃는 얼굴도 간간이 눈에 띄네

남의 눈치 안보고 핀잔먹는 일도 없이
나 홀로 즐기면서 모든 걸 해결하며
종착역 닿을 때까지 꿈쩍없다 저 몰입沒入

아름다운 삶

-노산 · 솔란 작품집을 받아보고

셋째누이 내외가 큰일을 해냈구나
바쁜 삶 틈을 쪼개 완성한 작품들을
한 권의 책자에 실어 보란 듯이 선뵈었네

예서 해서 행서체 골고루 구사하며
서폭書幅에 혼을 심은 노산의 멋진 휘호揮毫
반듯한 성품을 닮아 단아하기 그지없고

솔란도 뒤질세라 재능 한껏 떨쳤나니
흙으로 빚은 솜씨 형형색색 기묘하고
질박한 한국도예의 맥을 이어 정겹다

젊은 날 못다 이룬 꿈들을 펼치고자
앞서거니 뒤서거니 기량 한껏 갈고닦아
마침내 그 뜻 이루니 참으로 대견해라

맨손으로 창업한 억척부부 같지 않게
건전한 인생2막 멋스럽게 가꾸는
그대들 아름다운 삶 오늘따라 돋뵌다

선정릉宣靖陵

빌딩숲에 둘러싸인 섬 같은 자연녹지
산골에 들어선 듯 울창하고 아늑하다
도심의 별천지 같고 힐링의 공간답게

일찍이 임진란 때 왜병들이 몰려와
삼릉三陵을 무엄하게 파헤친 그 날 이후
지금껏 시체가 없는 능묘라 전해오고

문화재로 지정된 반세기 전만해도
개구쟁이 코흘리개 나뒹굴던 놀이터라
그대로 무관심속에 스러질 뻔했나니

초가을을 흔드는 실바람에 발랄한
색색의 들꽃들이 엷은 미소 짓고서
찾아온 발걸음들을 치유할 듯 반기고

오백년 풍상 겪은 은행나무 1세가
우람한 가지 벋고 충직하게 곧추서서
행여나 변고 날까봐 밤낮없이 망을 본다

오월의 산골짜기

-김유정문학촌

진초록 눈이 부신 '오월의 산골짜기'
금병산 끝자락에 옴팍하니 들앉은
춘천골 실레마을을 난생처음 와본다

궁핍한 30년대 토민土民의 고단한 삶
지지리 가난했던 소설 속 그 무대가
작가의 후광을 업고 문학성지 되었구나

번듯한 전시관과 ㅁ자형 초가생가,
동상과 조형물을 차근히 둘러보며
김유정 소설향기에 흠뻑 취한 반나절

산허리 굽이도는 열여섯 이야기마당
철마다 색색으로 미소 짓는 들꽃처럼
찾아온 '산골 나그네' 유정有情하게 반기리니

-인생은 덧없어도 예술은 영원한 것-
이립而立도 못 채우고 짧게 살다 가신 님
천래天來의 이야기꾼을 예 와서 뵙고 간다

지리산 천년송千年松

우산을 활짝 펴든 낙락한 푸른 솔아
물소리 바람소리 그윽한 뱀사골의
구름도 누워간다는 와운마을* 오랜 솔아

오백년 굵은 가지 철갑을 둘렀구나
임진란, 일제강점, 동족상잔 다 겪고
지금껏 푸르디푸른 지리산 천년송아

저만큼 위쪽에는 연하의 한아씨송*
유일한 말벗이자 충직한 호위무사
날씬한 몸매 뽐내며 듬직하니 서 있다

복 많은 할머니송 와운마을 지킴이여
이제부턴 신명진 좋은 일만 듣고 보렴
남과 북 하나가 되는 벅찬 기쁨 같은 것

갈라선 한 핏줄이 오순도순 새 꿈 엮는
눈부신 그 세월을 앞당겨 끌어안고
오백년 거듭 푸르러 천년장생長生 하려무나

*와운마을 : 전북 남원시 산내면 부운리 소재

*한아씨송 : 할아버지송의 이 고장 사투리

제 4 부

슬치瑟峙를 지나며

소시에 완행타고 굼실굼실 기어오른
그 길을 고속열차로 한달음에 치닫는다
지난날 애간장 태운 전라선의 난難코스

초만원 남행열차 지붕에 걸터앉아
벼랑길 휘돌 때면 오들오들 떨었다
8·15 광복직후의 교통지옥 그 시절

터널 밖 사선대*를 삽시에 따돌리고
철마는 내리막길 쏜살걸음 재우친다
단숨에 섬진강 건너 여수까지 내칠 듯이

*사선대 : 전북 임실군 관촌면에 있는 관광지

수락폭포

지리산 깊은 골짝 휘돌아 흐른 물이
구례군 산동면의 절벽에서 낙하하는
시원한 물맞이 폭포 무릉도원 따로 없다

기암괴석 울창한 숲, 물소리 요란한데
널따란 암반에서 물살 맞는 피서객들
저마다 머리 감싸며 덜덜덜 턱을 떨고

동편제 맥을 이은 송만갑 국창 외에
수많은 소리꾼이 피 토하며 수련한
폭포수 맞은편에는 득음정得音亭이 서 있네

무더위 쫓으면서 쇠한 기력 충전하려
입소문 전해 듣고 몰려드는 발걸음에
산수유 이름난 고장 한여름도 붐비누나

봄이면 노란 색감 농익는 마을 위쪽
깊숙이 들어앉은 15미터 비천飛泉이
장쾌한 굉음 울리며 은가루를 토한다

탄천찬가炭川讚歌

아리수* 그리면서 흘러가는 냇물아
서해물결 꿈꾸며 굽이치는 숯내여*
구십 리 내리흐르는 성남시의 젖줄아

용인 땅 법화산서 솟아난 물줄기가
옛 지명 탄리炭里에서 따온 이름 달고서
북으로 잔잔히 흘러 잠실에서 끝나는 너

지난날 농사꾼의 땀이 밴 냇가 따라
밭집과 논배미들 파묻힌 그 터전에
드높은 아파트 숲이 빼곡히 들어서고

치장한 둔치에는 봄 여름 가을 겨울
남녀노소 즐겨 찾는 쉼터와 놀이터가
사계절 갖은 빛깔로 시민들을 반긴다

판교 테크노밸리 남한산성 옆에 끼고
역사와 첨단기술 더불어 빛을 내는
새로운 문화발전의 역내를 흐르는 너

텃새와 철새들이 한가롭게 노닐고
다양한 물고기가 분주히 짝을 짓는
살아서 꿈틀거리는 생명의 물살이여

쉬지 말고 내달려가 강물로 거듭나고
서쪽으로 머리 돌려 네 꿈을 펼쳐보렴
한강의 제1지류인 은혜로운 탄천아

*아리수 : 한강의 옛 이름

*숯내 : 탄천을 달리 부르는 이름

가을 화담和談숲

자연과 사람솜씨 어우러진 화담숲이
색동옷 알록달록 예쁘게 갈아입고
가을을 마무리하듯 부산을 떨고 있다

꽃단풍 보고파서 숲을 찾는 긴 행렬
유모차와 노약자, 휠체어 탄 장애인도
완만한 산책길 따라 수월수월 오르네

이끼원 구경하고 자작나무숲 휘돌아
전망대에 앉아서 산기슭 굽어보니
가을빛 하도 황홀해 탄성이 절로 난다

예저기 속닥속닥 웃음꽃 날리면서
단짝 또는 여럿이서 멋진 포즈 취하며
찰가닥 셔터를 눌러 추억거리 만들고

이따금 등 맞대고 외다리길 오가는
모노레일 탑승객 들랑날랑 뒤섞여
산골짝 가득히 메운 사람물결 넘실댄다

사시사철 푸르른 소나무밭 들러서
몸과 맘 정화하고 활력 다시 되찾아
내리막 꼬부랑길을 사뿐히 걷고 걸어

분재원의 다양한 일품逸品들을 감상하고
자연바위 암석군, 오죽길을 휘돌아서
마침내 원앙연못가 주막집에 다다랐다

그제야 잊고 있던 시장기가 돌아서
파전에 막걸리잔 몇 순배 들이키며
때맞춰 잘 왔노라고 혼잣말 되뇌었네

맞은바라기 불곡산아

해 뜨면 창밖에서 어김없이 날 반기는
뜰 안의 동산 같고 마을 속 공원 같은
불곡산 너를 사귄 지 스무 해가 넘었구나

신도시에 혹하여 정든 서울 마다하고
탄천炭川 가에 둥지 튼 낯선 나를 다독여
산행의 기쁨 안겨준 은혜로운 산이여

그다지 높지 않아 다가가기 쉬웠던 너
완만한 능선 따라 쉬엄쉬엄 굽이돌면
세상을 손안에 쥔 듯 내 맘이 뿌듯했다

퐁퐁 솟는 약수로 갈증을 달래가며
봄여름 가을 겨울 숲길을 누빈 덕에
마음을 비울 줄 알고 건강도 다졌나니

고마운 불곡산아 네 은혜 못 잊겠다
너로 하여 안온하고 너 있어 신명지는
쾌적한 생활환경의 수혜자인 까닭에

일찍이 6·25 때 수도탈환 꾀하고서
썬더볼트 작전*을 수행했던 빛난 흔적
전사자 유해발굴로 세상에 드러낸 너

호국의 전적지로 이름값 드높이고
예저기 휴식 공간 안락하게 꾸며놓은
내 사랑 성남누비길* 4구간인 불곡산아

*썬더볼트(번개) 작전 : 1951년 수도 재탈환을 위한 작전.

*성남누비길 : 모두 7개 구간으로 구성되어 있으며,
4구간인 불곡산 숲길은 8.8km.

섬진강 연가戀歌

진안고원 남쪽 끝 팔공산서 솟아나
산협을 요리조리 오백리 휘돌면서
광양만 넓은 바다로 흘러가는 물길아

승객 태운 목탄차가 나룻배에 올라타
한가로이 오갔던 곡성나루 옛 정취
이제는 볼 수가 없는 옛이야기 되었구나

1급수 자랑하던 그때만은 못해도
여전히 맑은 속살 드러내며 흐르는
잔잔한 물살이 좋아 나는 너를 못 잊는다

숨 쉬는 생명의 강, 은혜로운 젖줄아
재첩과 다슬기가 강바닥을 헤집고
수달이 물장구치는 맑디맑은 강물아

쉬지 말고 흘러라 힘차게 굽이쳐라
전라도 경상남도 넓은 유역 적시며
풍성한 수확의 기쁨 다함께 누리도록

젊은 날 네가 좋아 나룻목 들랑대며
고기 잡고 멱 감다 모래밭에 벌렁 누워
떠가는 흰 구름 좇아 넓은 세상 꿈꾼 나

순행順行의 깊은 뜻을 너로 하여 깨닫고
넉넉한 삶의 지혜 네게서 배웠나니
내 사랑 고요한 강아, 스승 같은 강물아

한가위에

우리의 단란한 삶
늘, 오늘 같았으면…
온 가족 한데 모여 즐거이 도란대며
웃음꽃 피워 올리니 천국이 따로 없다

푸짐한 먹을거리
늘, 오늘 같았으면…
햅쌀밥 토란국에 갖가지 산해진미
상다리 휘우듬하니 큰 부자 부럽잖다

쾌적한 맑은 날씨
늘, 오늘 같았으면…
실바람 고운 햇살, 드높은 하늘 덕에
냉난방 시름 놓으니 한결 마음 가볍다

나들이 달뜬 모습
늘, 오늘 같았으면…
오가는 얼굴마다 생그레 환한 미소
옷맵시 한껏 뽐내니 보는 눈이 즐겁다

휘영청 달 밝은 밤
늘, 오늘 같았으면…
저마다 비는 소원, 귀담아 보듬으며
두둥실 떠오른 달이 중천에 상서롭다

늘, 오늘 같다면야
얼마나 좋을까만…
신산辛酸을 맛보아야 참 기쁨 알게 되고
보람도 느낄 터이니 부대끼며 살자구나

비상하라 '문예비전'

-통권 100호를 기리며

새천년 열리던 날 첫걸음 내딛으며
노소老少와 여러 계층 모두를 아우르는
신 개념 문예지임을 선언하고 나선 너

작가와 독자들의 간극을 좁히면서
모두가 동참하여 칭찬하고 비판받는
문학의 대중화시대 열겠다고 다짐한 너

오늘의 시대정신 내일에 되살리고
문화예술 미래상未來像 올곧게 구현코자
열정을 쏟아 부으며 구슬땀을 흘린 너

지나온 열여섯 해 값지고 경이롭다
수많은 문인들을 길러내고 배려하며
마침내 어울림마당 널찍하게 펼쳤으니

꾸밈새 오밀조밀 책치레도 멋스럽네
이롭고 알찬 정보 다채로운 시문詩文들
참으로 한 쪽 한 쪽이 금싸라기 같구나

너 이제 제2도약 웅비雄飛의 홰를 쳐라
다진 터 발판 삼고 힘차게 날아올라
온 세상 내려다보는 대붕大鵬이 되려무나

네 심지心志 꺾으려고 폭풍우 몰아치고
네 꿈을 짓밟으려 천둥번개 잦더라도
날갯짓 멈추지 말고 구공九空 훨훨 날거라

너 있어 행복하고 네게서 보람 찾는
늘 푸른 구독인구 밀물처럼 불어나는
보람찬 내일을 품고 비상하라 '문예비전'

옥천문학기행

구읍舊邑

오래된 옛 고을이 긴 잠에서 깨어나
한길과 골목 안에 시어詩語 간판 내걸고
흙내가 물씬 풍기는 '향수'를 팔고 있다

향수길 어귀에는 초가삼간 시인생가
같은 길 윗마을엔 고을명가名家 교동집
방문객 북새바람에 '넓은 벌'이 앓고 있다

정지용 생가

사립문 들어서면 우리네 고향 옛집
우물과 장독대가 반기는 돌담너머
황소의 '금빛게으름' 울음소리 들리는 듯

방안에는 사진틀, 시詩액자 걸려있고
'늙으신 아버지'의 손때 묻은 약장藥欌과
질박한 장롱 하나가 예스럽게 서 있다

정지용 문학관
출입구 앞뜰에서 동상 먼저 우러른다
왼손에 책 펴들고 두루마기 차림새로
그리던 '파란 하늘빛' 바라보고 서 있는

밀랍인형 옆에 앉아 기념사진 찍고서
영상실 들렀다가 전시실 휘돌았네
'꿈엔들 잊힐리야'를 무심결에 되뇌며

육영수 생가
3정승 거쳐 간 곳 3천 평 넓은 터에
푸른 숲 등에 지고 아늑히 자리 잡은
지난날 옥천갑부 집, 관광명소 되었다

안채 뒤 툇마루에 늘어세운 사진 속
입가에 미소 띠고 앉아있는 육여사의
부덕婦德한 생전모습이 백란*처럼 환하다

*백란白蘭 : 백목련

호명호수虎鳴湖水

십리길 굽이돌아 산마루 올라서니
잔잔한 하늘못이 한눈에 들어온다
청평 물 끌어올려서 가득 채운 인공호

호수를 끼고도는 둘레길 거닐다가
높다란 둑에 서니 가파른 낭떠러지
밑면이 하도 멀어서 현기증을 느꼈네

호숫가 우뚝 솟은 위령탑 앞에 서서
산재産災로 눈감은 넋 명복을 기원하며
한동안 숙연한 마음 떨칠 수가 없었다

전망대 난간에서 사방을 둘러보니
앞에는 호명이요 뒤에는 청평일세
초여름 첩첩산중에 백옥 두 개 빛나네

이 땅에 처음 선뵌 양수식 발전소의
맨 위쪽 저수지가 바로 이곳 호명호수
하늘과 맞닿아 있어 제2백두 천지天池란다

강릉문학기행

역 앞에서
휘돌고 또 휘돌아 힘겹게 왔던 문향文鄕
태백산맥 가로지른 경강선 뚫린 덕에
KTX 고속열차로 준마처럼 달려왔다

원형의 정거장을 등지고 섰노라니
동해안 파도소리 귓전에 와 닿는 듯
멀게만 느껴졌던 곳 지근지처 되었구나

오죽헌
푸른 솔 병풍처럼 둘러싼 오랜 별당
자흑색 대숲들이 유난스레 촘촘하고
육백년 비바람 견딘 배롱나무 갸륵해라

연분홍 매화나무 지붕 위에 가지 벋고
문성사 귀퉁이엔 하늘 가린 율곡송
선비의 지조를 닮듯 청아하게 서 있다

허균 · 허난설헌기념공원
교룡산 정기서린 초당마을 너른 터
밋밋한 소나무 숲 한옥 멋 더해주고
길목과 모퉁이마다 문학향기 그윽하다

한집안 5문장가 배출한 명당자리
허난설헌 맑은 시정詩情 하늘대며 감돌고
허균의 개혁사상이 빛발하며 다가선다

경포호반 · 경포해변
십리호반 벚꽃 길 부시도록 화사해라
맞은편 경포대가 언덕 위에 아련하고
꼬리 문 네발자전거 웃음꽃이 곱구나

경포해변 백사장 그네의자 텅 비었네
푸른 파도 밀려와 흰 포말 일으키며
지금은 제철 아니니 돌아가라 손사래

다시 역 앞에서
문우들과 함께한 오늘 하루 즐거웠네
보고 듣고 메모하며 뒤질세라 종종걸음
눈과 귀 마음이 달떠 시간 간 줄 몰랐네

아흔아홉 굽이진 대관령 신작로 길
버스타고 오갔던 그 세월 꿈만 같다
살갑게 바짝 다가선 반나절 생활권아

광한루원廣寒樓苑

광한루
월궁을 본떠 만든 땅위의 유토피아
춘향과 이 도령의 사랑얘기 꽃핀 무대
한반도 4대 누각 중 으뜸으로 꼽힌다

월랑月廊의 층계 밟고 누마루 올라서면
북쪽엔 교룡산성, 금암봉은 남쪽이라
저 멀리 지리산줄기 병풍처럼 둘렀다

삼신산三神山
가운데 봉래섬엔 대숲 · 고목 우거지고
동쪽의 영주섬엔 정면3칸 영주각瀛洲閣
서쪽의 방장섬에는 육모지붕 방장정方丈亭

섬과 섬 잇는 다리, 모양새 비슷하고
봉래는 금강산을, 영주는 한라산을
방장은 지리영산靈山을 달리 부른 이름일세

오작교烏鵲橋

그 만남 애달프다 견우직녀 슬픈 사랑
천상天上의 이야기를 땅위에 펼치고자
은하수 닮은 연못에 건너지른 돌다리

네 개의 홍예구멍 조형미 돋보이고
연못에 비친 모습 운치를 더하는데
잉어 떼 몰려다니며 먹이 달라 입 벙긋

완월정玩月亭

둥근 달 감상하며 달나라 즐기려고
달뜨는 동쪽 향해 물 위에 지었다네
그 모양 호두각 닮은 팔작지붕 굴도리집

미스춘향 추려 뽑고 명창을 골라내는
남원골 들썩이는 춘향제 큰잔치가
해마다 눈부신 5월 이곳에서 열린다

춘향사春香祠

절개를 상징하듯 대숲이 에워싼 곳
단심문 들어서면 사당방 열려있고
성춘향 채색영정이 햇살처럼 부시다

이 집은 암울했던 1931년 3월 1일
고을의 유지들과 기생들이 성금 모아
열녀의 넋 달래고자 어렵사리 세운 것

월매집

홑처마 초가집을 토담이 둘러치고
닭장과 장독대 등, 민가 정취 물씬 풍겨
잠시간 '춘향전' 속의 조선백성 된 기분

담 안에 있는 별당 조그만 부용당은
춘향과 이 도령이 백년가약 맺은 곳
그들의 화촉꽃방에 쏟는 눈길 뜨겁다

남한산성南漢山城
-세계문화유산 등재에 즈음하여

성곽城郭길

삼십 리 성곽 따라 휘도는 탐방의 길
성문과 암문, 옹성, 장대를 살피면서
성 밖을 내려다보면 눈과 마음 즐겁다

울창한 소나무 숲, 들꽃 밭 옆에 끼고
오르막 내리막길 번갈아 걷다보면
긴 역사 자연의 향기 코끝에서 맴돈다

산성행궁山城行宮

도성都城의 궁궐 본뜬 특별한 별궁이다
상 · 하궐 둘로 나눈 담 너머 가까이에
종묘와 사직을 갖춘 유사시의 피난처

우람한 2층 누문 한남루를 비롯하여
내행전 외행전과 재덕당 좌승당 등
복원된 건물 곳곳에 행락인파 줄 잇네

수어장대守禦將臺

청량산 꼭대기에 번듯한 2층 누각
그 자태 나는 듯이 웅장하고 찬연하다
산성의 군사지휘와 관측 일을 보던 곳

위층에 걸려 있던 편액을 옮겨 놓은
무망루無忘樓 전각 앞에 옷깃을 여밀제면
병자년 호란의 치욕 잊을 수가 없다네

청량당淸凉堂

억울한 누명 쓰고 비명에 간 이회장군
처첩의 원통한 넋 달래고자 지었다네
한쪽엔 벽암대사의 초상화도 보이고

담 밖의 향나무가 기묘하기 그지없다
뒤틀린 그 모양새 원혼의 심사 같고
사백년 푸르른 잎은 그의 충직 말하는 듯

현절사顯節祠

순절殉節한 삼학사를 기리는 당집일세
볼모로 끌려간 후 청나라서 참형당한
조선의 서릿발 같은 선비정신 빛난다

오랑캐 십만 대군 포위에도 안 굽히고
한사코 결사항전 외치던 우국충절
받들어 이어가야 할 국가안보 본보기

숭렬전崇烈殿

선명한 태극무늬 솟을삼문 들어서면
백제의 온조왕과 조선의 이서장군
군신君臣을 나란히 모신 유례없는 사당방

본디는 온조왕사溫祚王祠 옛터라 전해온다
조선의 정조 때에 사액하여 개명하고
근래에 제 모습 갖춘 새 강당을 세웠다

침괘정枕戈亭
종각 옆 나지막한 언덕 위에 있는 집
백제 때 온조왕의 왕궁 터라 전해오는
이천년 설화가 깃든 유서 깊은 곳이다

조선 땐 무기 제작 사무를 보았단다
정각의 오른쪽에 무기고가 자리하고
무기를 만들던 곳도 이 근처에 있었다네

연무관演武館
높다란 기단 위에 육중한 단층건물
멀리서 바라봐도 한눈에 들어오고
두 그루 느티나무가 노장老將처럼 서 있다

밤낮을 안 가리고 훈련을 거듭하며
뛰어난 무인 뽑아 중앙으로 보냈던 곳
우렁찬 그때 그 함성 귀에 쟁쟁 들린다

모란장 만보漫步

큰 길목/지름길/화훼부
분당선 모란역 5번 출구 자동계단
위아래 양방으로 버겁게 돌아간다
늘어선 장보기승객 게워내고 삼키며

잡답한 왼쪽 길로 떠밀려 걸어가면
천막과 파라솔로 촘촘히 하늘 가린
복개천 오일장마당 들머리에 닿는다

향내가 물씬 풍긴 꽃가게 앞에 서서
색색의 화초들과 눈 맞추던 꽃여인
끌고 온 손수레 가득 봄을 싣고 떠나네

잡곡부/의류부/생선부

맨땅에 자리 펴고 잡곡 파는 아낙들은
한 됫박씩 사드는 뜨내기 손 붙들고
한 옴큼 덤 얹어주며 눈도장을 찍는다

옷가게 기웃대는 노인들 하 많구나
두툼한 방한복에 꽂히는 눈빛 보니
때 이른 한파경보에 지레 겁을 먹었다

비린내 달고 사는 생선장수 호객소리
도마질 호응소리 화음이 척척 맞네
살 오른 통통한 활어, 날개 돋친 어물전

야채부/고추부/음식부

청과물 진열대는 키 자랑 덩치 자랑
때깔 좋고 싱싱한 갖가지 과일채소
보란 듯 무더기마다 오방색을 뽐낸다

수도권 고추시세 쥐락펴락 하는 곳
나란한 자루마다 소소熠熠한 불꽃더미
햇볕에 말린 상치가 도거리로 팔린다

풍미豊味를 즐기려고 낄끼리 들락날락
터놓은 천막식당 칸살마다 만원일세
가마솥 뚜껑 여닫는 손놀림이 날렵타

북쪽상가/기름골목

상가건물 늘어선 북쪽 길로 발 옮긴다
쾨쾨한 냄새 나는 건강원 가게마다
쇠창살 좁은 우리에 초주검된 가금家禽들

두발 달린 닭오리, 네발 달린 개 염소
손님의 눈에 들면 경각에 숨이 멎는
바람 앞 촛불과 같은 가엾어라 저 종생終生

오래된 기름골목 고소한 내, 풍긴다
맛집과 정육점은 유난스레 들썩이고
약재藥材와 찬거리 찾는 발걸음도 잦고나

골목쟁이/발걸음 멈추고서
조붓한 골목쟁이 빈자리 볼 수 없네
건어물 산채해초, 손두부와 집된장
단출한 보따리장수 주머니도 불룩하다

참새는 방앗간을 지나칠 수 없다 했네
코끝을 간질이는 전 냄새에 혹하여
막걸리 잔을 비우며 시장기를 달랜다

장이 서면 십만 인파 들고나며 북새놓고
백화만물 거래되는 고향 같은 민속시장
남의 말 귀동냥 말고 한번 와 볼 일이다

*여기 나오는 모란장은 복개천 위에 있었던 옛날 장터임

제 5 부

자유시

장 설壯雪

눈구름 칼바람
몰려오더니
펑펑 쏟아진다
함박눈송이

얼어붙은 맨땅에
입맞춤하고
하얀 이불 수북이
곱게 펼친다

헐벗은 나무마다
백련白蓮이 활짝
소담한 봉오리들
아양스런데

고운님 오시려나
까치가 우네
세밑 다가오는
섣달보름께

산골버스

탈탈거리고 삐딱거리며
냇가 둑길을 달리다가
갑자기 할딱거리며
산자락 벼랑길을 아슬아슬 휘돌아
가까스로 산마루를 넘어서는 산골버스

차창밖엔 나뭇잎이 물들어
골짜기에 가을이 깊어가고
차안엔 가을걷이를 끝낸
촌로와 아낙네들의 사투리가 구수하다

오늘은 읍내 오일장
장에 내다팔 곡식보따리며 산나물꾸러미가
이리 뒤뚱 저리 뒤뚱 요동을 치고
그때마다 주고받는 얘기들이
멈칫거리다간 다시 이어진다

영특한 손자자랑, 아들딸 혼수걱정
감나무집 며느리 칭찬, 안골 과수댁 험담…
흐뭇함과 한숨, 시샘과 부러움이 뒤섞인
갖가지 사연들을 가득 싣고

내리막길 시오리
굽이진 고갯길을 비틀비틀 내달아
마침내 산골버스는
장거리에서 짐을 부린다

탄천炭川

신도시 건설의
우렁찬 역사役事를 지켜보며
새로운 모습으로
우리 앞에 다가선 탄천

지난날
산골 들녘을 적시며
고단한 농사꾼의
시름을 달래주던 냇물이
지금은
드넓게 펼쳐진 녹지와
우뚝 솟은 아파트 숲을 누비며
치장治粧한 물길 되어 흐른다

첫새벽
냇둑에서 둔치로 내려가는
남녀노소의 발걸음소리에
활기찬 분당의 하루가 동트고

해질녘
물가를 거니는 노부부와
벤치에 기댄 젊은 연인들의
밀어를 엿들으며
분당의 하루가 저문다

탄천은 이제
너와 나의 마음속에
살아 숨 쉬는
우리의 쉼터가 되었다

그러나 안타깝게도
밑바닥을 훑어 내리는 물살은
오염에 찌들어 목이 쉬었구나
너와 나의 무관심 속에
몸살을 앓고 있는 냇물

탄천이 병들면
우리의 몸과 마음도
퍼렇게 멍이 든다

하나뿐인
분당의 젖줄을 살려내자
탄천이 살아나야
우리의 미래가 열린다

한여름의 야외수영장

생긋뱅긋
아침나절부터
꾸역꾸역 몰려드는
아이들의 표정이
하나같이 밝다

잽싸게
수영복으로 갈아입고
뒤쳐질세라 달음박질쳐
풍덩풍덩
물속에 잠기는 아이들

물장구치는 아이
무자맥질하는 아이
공을 힘껏 던지는 아이
슬라이드를 미끄러져 내리는 아이

어느새
크고 작은 네 개의 수영장은
형형색색의 튜브와
알록알록한 수영복이 어우러져
물결치는 꽃밭으로 바뀌었다

파랑 노랑 빨강 초록 보라
천 송이도 더 되는
예쁜 꽃송이들이
밀려가고 밀려오며
나울나울 일렁이는 꽃밭

이글거리는
한낮의 태양 아래
까르르
자지러진 웃음소리가
뜨겁게 달아오른 복더위를 식힌다

학처럼 날아서 가 봤으면

-남산 서울타워에서

한강 건너 정남
아스라한 하늘 끝
뭉게구름이 손짓하는
황학黃鶴의 둥지*로
학처럼 날아서 가 봤으면

산과 들을 굽어보며
고속도로 하행선 따라
훨훨 날아서 가 봤으면

뭉실뭉실 솟아오른
저 솜구름을 향해
야호! 목청을 돋우면
전주천 휘돌아 흐르는
서학벌 배움터가
금방 달려올 것만 같다

파드닥! 날갯짓하며
하늘 높이 날아올라
마파람타고 한달음에
달려올 것만 같다

떠나온 지 예순 해
세상 풍파에 씻기어
머리가 허옇게 센 나를
와서 보듬어줄 것만 같다

아, 흘러간 그 시절
어깨를 들썩이며
신명나게 노래 부른
'고덕산 푸른 줄기…'
우렁찬 교가가
귓전을 맴돌고

우거진 삼나무 숲
히말라야시다 정원의
싱그러운 향내음이
코끝을 간지럽힌다

고운 햇살과 맑은 가람
남고산성 정기 서린 곳

유서 깊은 산자락
아늑한 그 터전에서
사도師道정신을 깨우쳐 주신
선생님들과
몸과 마음 갈고 닦으면서
큰 나무를 꿈꾸었던
친구들

그 얼굴들이 떠오른다
그 이름들을 외어본다

뭉게구름이 손짓하는
천리 밖 남녘하늘 밑
전주시 완산구 동서학동

지금은
옛 모습 간데없지만
그래도 마냥 그리운
우리들의 모교여

*황학의 둥지 : 지금의 전주교육대학교
*동창회지 '高德三友'에 기고한 권두시

낙엽 지는 가을에

낙엽 지는 가을에
그대 떠났네

곱게 물든 단풍길
지척에 두고
누운 채 창밖 하늘
바라보다가
말없이 낙엽처럼
지고 말았네

아픈 곳 씻은 듯이
아물거들랑
둘이서 여행가자
약속해 놓고
돌아올 수 없는 길
혼자 떠났네

봄이 가고 여름이
다 가도록
힘든 고비 잘도
이겨내더니
낙엽 지는 가을을
못 견디고
보살핀 보람 없이
가고 말았네

낙엽처럼 쓸쓸한
내 마음속
무서리가 스쳐간
허허벌판에
추적대는 가을비가
너무도 싫다

우리 부부는 지금

우리 부부는 지금
잠시 별거 중입니다
가약을 맺은 지 54년째인
지난해 늦가을에 헤어졌습니다
아내와 나는 그때까지
한지붕 밑에서 살을 맞대고
희로애락 겪으면서 늙었습니다

아내가 머물고 있는 곳은
하늘누리 제2추모원 3층
소나무실 1266호입니다
나 사는 집에서 직선거리로
10km 지점에 있습니다
드라이브 코스로 딱 알맞고
터가 아늑해서 마음에 듭니다
아내의 영혼은 하늘나라로 갔지만
육신은 잠시 그곳에 머물러

다시 동거할 날을 기다리고 있습니다

유골을 모신 조그만 거실에는
예쁜 국화꽃그림이 서 있습니다
할머니가 좋아하신 꽃이라고
둘째손녀가 밤새워 그렸답니다
그리고 분홍색 핸드폰도 있습니다
그것은 몇 해 전에 아내에게 준
나의 작은 선물입니다

목련꽃이 지는 어느 해 봄날
저녁노을을 바라보다가 문뜩
아내에게 다짐을 받았습니다
"나 죽거든 현충원에 묻어 줘요"
고개를 끄덕이며 아내가 말했습니다
"그럴 게요. 훗날 거기서 또 만나요"
그런 아내가 나를 두고 먼저 갔습니다
낙엽 지는 쓸쓸한 첫새벽에
천사처럼 조용히 잠들었답니다

아내의 핸드폰을 혹시나 하고
1266호에 넣어두었는데
그동안 한 번도 통화를 못했습니다
우리들을 갈라놓은 금단禁斷의 벽이
이렇듯 높고 매정할 줄이야 …

하지만 영정 앞에 다가서면
입가에 미소를 띤 아내가
내 귀에 대고 가만가만 속삭입니다
'우리 한몸 될 때까지 기다릴게요'
그리고 신신부탁합니다
'제발 아프지 말고 잘 있다가 오세요'

허전한 내 마음을 다독거려 주는
아내의 고운 음성
고단한 내 몸의 버팀목이 되어주는
아내의 따스한 눈빛
짜릿한 텔레파시를 접할 때마다 나는
'가까이 있을 때 잘 보살펴 줄 걸'
하고 회한의 눈물을 삼킵니다

그 이름 빛나라

나라를 지킨 무공수훈자와
안보를 다진 보국수훈자가
가슴 뿌듯한 긍지를 갖고
무훈정신으로 똘똘 뭉친
대한민국 무공수훈자회

나서 자란 고향과
젊음을 보낸 일터와
지금 살아가는 형편은
저마다 다르지만

우리들은 하나같이
사선死線을 넘나들며
승전고를 울리고
살아서 돌아온 호국용사다
국가보위에 신명을 바쳐
충성을 다한 보국용사다

무공훈장 5등급과
보국훈장 5등급 등
서훈敍勳의 위상位相은
조금씩 달라도
가슴에 단 훈장의 영예는
하나같이 찬연하고
천금보다도 값지다

우리들은
사는 마을이 다르고
나이도 취미도 종교도
저마다 다르지만
서로가 버팀목이 되어
고락을 함께 나눈다

공익을 위해 앞장서고
젊은이를 바른길로 이끌어
나라사랑을 알린다

먼저 우리가 본을 보이고
겨레의 존경을 받으면서
현충원에 묻히는 그날까지
올곧게 살자고 다짐한다

전쟁영웅들이 하나가 되어
힘차게 우렁차게 나아가는
대한민국 무공수훈자회
그 이름 크게 떨치며
길이 빛나라

*무공수훈신문에 기고한 시

우리 손자 돌날에

아가야, 우리 손자 동준아
오늘따라 하늘이 몹시 푸르고
금빛 햇살이 눈부시다

지금 산과 들에는
오곡백과를 거둬들이는
노랫가락이 흥겹고
산들바람을 타고 맴도는
코스모스와 국화꽃 향기가
싱그럽구나

아, 이 좋은 날
아가야, 우리 손자 동준아
갓 태어난 네 얼굴을
신생아실 유리창 밖
먼발치에서 바라보던 때가
바로 엊그제 같은데

어느새 네가 이렇게 커서
때때옷 입고 돌상을 받는구나

아빠와 엄마
할아버지와 할머니는
그러한 네가 대견스러워서
이렇게 함박웃음을
연방 터뜨리고 있단다

아가야, 우리 손자 동준아
저 아기나무가
하늘 높이 쑥쑥 자라나듯이
아가야, 너도 그렇게
무럭무럭 크려마

먹고 놀고
놀다가 싫증나면
소록소록 잠 자거라

꿈나라 꽃동산의 왕자가 되어서
즐겁게 뛰놀며 오색 꿈을 꾸려마

중학생 되더니만

중학생 되더니만
키가 부쩍 자라고
덩치도 커졌다

튼실한 팔다리에
굵직한 목소리
몸가짐도 의젓한
열세 살 우리 막냇손자

짓궂게 장난치며
어리광부리던 게
엊그제 같은데

어느새 앳된 티
말끔히 씻어내고
제 할 일 척척 챙기며
누나들을
끔찍이도 위하는
늠름한 대장부가 되었네

착하고 씩씩하고
먹성 좋고 부지런한
우리 막냇손자

성탄

"메리 크리스마스"
"메리 크리스마스"
사랑이 샘솟고
축복이 넘친다

내미는 손길이
겸손하고
마주보는 눈빛이
온유하다

아기예수 오신 뜻
되새기며
누리에 울려 퍼지는
평화의 메시지

벽을 허물고
어둠을 몰아내며
닫힌 마음과
언 땅을 녹인다

〈노랫말〉

관악의 노래

1. 관악산 푸른 기슭 활기찬 고장
맑은 물 우거진 숲 인심도 곱다
보아라 마을마다 정겨운 이웃
행복을 엮어가며 서로 돕는다
땀 흘려 살찌우자 우리의 살림
힘 모아 꽃피우자 관악의 문화

2. 인헌공 태어나신 거룩한 터전
낙성대 님의 자취 길이 빛난다
들어라 일터마다 우렁찬 고동
번영을 앞당기며 메아리친다
땀 흘려 살찌우자 우리의 살림
힘 모아 꽃피우자 관악의 문화

*1991. 8 '관악구민의 노래' 공모 당선작.

| 발 문 |

이상영 시조시집《섬진강 연가》에 부쳐
-당당한 스승과 진실에 이르는 사랑 노래

신 광 호 시인 · 문예비전 편집주간

이 글은 '참되게 배워서 사도정신 드높이자' 는 교훈을 실천하며 살아가는 이의 순례기 같다. 전북 남원 문한가 출신 이상영 님이 시조시집 《섬진강 연가》를 상재한다. 2014년 1월 〈문예비전〉에서 추천을 받고 등단한 이후 그의 첫 시조시집이 된다. 표제시는 7수로 짜여진 작품의 종장에서 "내 사랑 고요한 강아, 스승 같은 강물아" 하고 노래하고 있다. 이상영 님은 어린 시절 섬진강의 한 지류인 요천에서 자랐고, 그 후, 젊은이로 성장한 20대초에 "나는 공교롭게도 섬진강 건너에 있는 곡성에서 교편을 잡게 되었다." 고 밝히고 있다. 그리고 봄 가을이면 아이들을 데리고 섬진강 나루터로 소풍을 갔었다. 어디 그뿐인가, 일요일이면 무엇에 홀린 것처럼 혼자서 나루터 근처와, 그 상류에 있는 도림사 계곡을 곧장 찾아가 사색에 잠기곤 했었다. 그때마다 나루터 아래쪽에 새로 다리가 생겨 나룻배를 볼 수 없는 것이 못내 아쉬웠다. 그 대신 맑고 잔잔한 강물과 노송, 폭포, 반석이 어우러진 계곡의 아름다운 풍광이 마음을 달래주었다.

그로부터 많은 세월이 흘렀다. 일찌감치 서울에 정착하여 출판사에 몸 담아온 두산동아에서 《세계대백과사전》의 지리항목 편집을 맡고 있을 때였다. 어느 날, 수정작업에 필요한 참고자료를 수집하려고 국립중앙도서관 지리역사실을 찾아갔다. 거기서 오래된 문헌을 뒤적이다가 섬진강의 별칭인 '평정의 집' 이라는 사실(史實)을 알게 되었다. 그것은 평온하고 고요히 흐르는 섬진강의 이미지에 딱 들어맞는 말이었다.

진안고원 남쪽 끝 팔공산서 솟아나
산협을 요리조리 오백리 휘돌면서
광양만 넓은 바다로 흘러가는 물길아

승객 태운 목탄차가 나룻배에 올라타
한가로이 오갔던 곡성나루 옛 정취
이제는 볼 수가 없는 옛이야기 되었구나

1급수 자랑하던 그때만은 못해도
여전히 맑은 속살 드러내며 흐르는
잔잔한 물살이 좋아 나는 너를 못 잊는다

숨 쉬는 생명의 강, 은혜로운 젖줄아
재첩과 다슬기가 강바닥을 헤집고
수달이 물장구치는 맑디맑은 강물아

쉬지 말고 흘러라 힘차게 굽이쳐라
전라도 경상남도 넓은 유역 적시며
풍성한 수확의 기쁨 다함께 누리도록

젊은 날 네가 좋아 나룻목 들랑대며
고기 잡고 멱 감다 모래밭에 벌렁 누워
떠가는 흰 구름 좇아 넓은 세상 꿈꾼 나

순행順行의 깊은 뜻을 너로 하여 깨닫고
넉넉한 삶의 지혜 네게서 배웠나니
내 사랑 고요한 강아, 스승 같은 강물아

-〈섬진강 연가〉의 전문

표제시 〈섬진강 연가〉를 비롯하여 61편의 작품이 모여 시의 세계를 향해서 여기 새로운 출발을 한다.

이 시조시집은 5부로 짜여져 있다. 1부는 〈수양벚꽃〉, 〈가는 봄〉, 〈신분당선〉 등 단시조로 이루어졌는데, 〈고적孤寂〉은 아내 잃은 슬픔을, 〈생일 선물〉은 손자가 주는 기쁨을 동시조처럼 읊고 있다. 2부는 〈손〉 1~4의 연작시를 비롯하여 등단 시 2편, 등 가볍게 읽을 수 있는 인상을 준다. 3부에서는 지난 여름을 그린 〈뜨거운 여름〉을 비롯하여 〈두물머리에서〉, 〈지하철 풍속도〉, 〈선정릉〉, 〈오월의 산골짜기〉-김유정 문학촌, 〈지리산 천년송〉 등 탐방기가 올라있다. 4부는 비교하여 묵직한 굉장히 힘에 벅찬 과제를 풀어가야 할 듯한 긴 호흡의 울림들이 기다리고 있다. 그야말로 역사 앞에서 탐구하는 자세가 필요할 듯 웬만한 건강으로는 따라가기 힘든 길이 아닐까. 〈슬치를 지나며〉, 〈수락폭포〉, 〈탄천찬가〉, 〈맞은바라기 불곡산아〉, 〈섬진강 연가〉, 〈비상하라 '문예비전'〉, 〈옥천문학기행〉, 〈강릉문학기행〉, 〈남한산성〉 등이다. 5부는 현대시로 보여주고 있다. 〈산골버스〉, 〈학처럼 날아서 가 봤으면〉-동창회지 기고한 권두시, 〈우리 부부는 지금〉, 〈그 이름 빛나라〉, 〈성탄〉, 〈관악의 노래〉 등이다.

이상영 시인은 2014년 문예비전 86호 등단에서 "초심으로 돌아가서"라는 제목으로 다음과 같은 당선소감을 밝혔다.

"1960년대 초반이었다. 그러고 보니 벌써 반세기 전의 일이다. 어느 여름날, 남원에 내려오신 이영도 선생님을 잠깐 뵌 일이 있다. 사범학교 은사님의 주선으로 이루어진 대면이었다. 이영도 선생님께서는 나의 보잘것없는 습작시조를 훑어보시고 따뜻한 격려의 말씀을 주셨다. 그 말씀을 듣고 나는 크게 고무되었었다.

그 얼마 후, 서울로 올라와 정착을 하게 되면서 나는

'빨리빨리'의 늪에 깊숙이 빠져들었다. 부지런해야 산다. 낙오되면 죽는다. 가솔을 거느린 가장의 책임감 때문에 오직 샐러리맨 생활에 충실하였다. 잠시도 곁눈질할 틈이 없었다. 그래서 자연히 시를 쓰고 시조를 짓는 일과 담을 쌓게 되었다.

그런데 참 이상한 일이었다. 퇴직 후에 시간적 여유가 생기면서 갑자기 공허감이 밀물처럼 밀려왔다. 수면 밑으로 가라앉았던 시작(詩作)에 대한 향수가 되살아난 것이다. 그러나 절필한 세월이 너무나도 길었다. 항상 의욕만 앞설 뿐, 결과는 수준미달이었다.

그러던 차에 모경(暮境)에 서 있는 나에게 희소식이 날아왔다. 무엇보다도 인정받은 기쁨이 제일 크다. 두 번째는 반세기 전에 이영도 선생님 앞에서 내 자신에게 다짐했던 약속을 뒤늦게나마 지킨 것 같아서 마음이 홀가분하다. 그때 그 초심으로 돌아가서 늦깎이 공부를 열심히 할 생각이다.

앞으로 가야할 길을 환하게 밝혀주신 지성찬, 신광호 선생님을 비롯한 여러 심사위원 선생님들께 진심으로 고맙다는 말씀을 드립니다."

이어 〈살아 움직이는 기행 언어〉로 다음과 같은 심사평을 얻었다.

"2014년 문예비전 86호에 신인 시조 추천작으로 이상영(李商泳) 씨의 시조 〈고향의 옛집〉, 〈가을 산행(山行)〉 2편을 선하였다.

우리나라 고유의 정형시인 시조의 형식을 택한 점, 우선 반갑고 자랑스럽게 여기면서 앞으로 좋은 작품을 기대한다. 서정을 바탕으로 한 시적 전개는 미래에 대한 기대를 갖게 한다. 또한 기행을 통해서 살아 움직이는 정경을 절제된 언어로 독자에게 안내해 주어 친근감이 든다. 중진이나 원로 시인들도 시창작에 매진하지 않으면 타작을 내놓을 수밖에 없는 것이 시창작의 길이다. 앞으로 시창작에 더욱 매진해 주기를 당부드린다.

시조라는 이름은 조선 영조 때의 가객(歌客) 이세춘(李世春)에 대한 글이 석북(石北) 신광수(申光洙)의 〈석북집〉에 전해온다. 그는 삼국시대로부터 전해 오던 가곡류의 창사(唱詞)를 시조형식으로 부른 최초의 사람이다. 신광수의 「관서악부」〈時節歌〉에 '일반적으로 시조는 장단을 배제한 노래로서 장안(평양)의 이세춘에 의해 전래된다' 는 글이 있다.

시조를 현대화 하기는 가람과 노산, 위당 등을 떠올리고, 1960년 월하(이태극)가 「시조문학」을 창간, 1964년에는 한국시조작가협회가 결성되어 오늘에 이른다.

1960년 「시조문학」 현상응모에 입상한 기억을 두 심사위원은 간직하고 있다.

심사위원 : 지성찬, 신광호(글)"

새로 난 넓은 길에
킷대 높은 상가건물
아무리 둘러봐도

흔적 없는 옛 고향집
찾아온
고향땅에서
이방인이 되었네

감또개 줍던 고샅
도랑물 흐르던 곳
이쯤일까 저쯤일까
어릴 적 내 살던 집

돌아선
무거운 발걸음
정처 없이 걸었다

-〈고향의 옛집〉 전문

아프도록 시린 하늘
한없이 푸르른데
바람에 실려 오는
햇살도 눈부셔라

가을이
영그는 소리
산에 들에 가득하네

깎아지른 절벽에는
단풍물이 흔들리고
세월에 스친 냇물
함께 젖어 흐르는데

수채화
천연天然 화폭을
보란 듯이 펼쳤다

-〈가을 산행〉 전문

아리수* 그리면서 흘러가는 냇물아
서해물결 꿈꾸며 굽이치는 숯내여*
구십 리 내리흐르는 성남시의 젖줄아

용인 땅 법화산서 솟아난 물줄기가
옛 지명 탄리炭里에서 따온 이름 달고서
북으로 잔잔히 흘러 잠실에서 끝나는 너

지난날 농사꾼의 땀이 밴 냇가 따라
밭집과 논배미들 파묻힌 그 터전에
드높은 아파트 숲이 빼곡히 들어서고

-중략-

판교 테크노밸리 남한산성 옆에 끼고
역사와 첨단기술 더불어 빛을 내는
새로운 문화발전의 역내를 흐르는 너

-중략-

쉬지 말고 내달려가 강물로 거듭나고
서쪽으로 머리 돌려 네 꿈을 펼쳐보렴
한강의 제1지류인 은혜로운 탄천아

* 아리수 : 한강의 옛 이름

* 숯내 : 탄천을 달리 부르는 이름

-〈탄천찬가〉 일부

새천년 열리던 날 첫걸음 내딛으며
노소老少와 여러 계층 모두를 아우르는
신 개념 문예지임을 선언하고 나선 너

-중략-

오늘의 시대정신 내일에 되살리고
문화예술 미래상未來像 올곧게 구현코자
열정을 쏟아 부으며 구슬땀을 흘린 너
-중략-

너 있어 행복하고 네게서 보람 찾는
늘 푸른 구독인구 밀물처럼 불어나는
보람찬 내일을 품고 비상하라 '문예비전'

-〈비상하라 '문예비전'〉 중에서

이상영 님의 〈분당생활 유감〉 산문을 읽어본다. "서울 생활 30년을 마감한 우리 부부가 분당에 내려와 산 지도 어언 15년이 되었다. …막상 이사와서 한 달쯤 지나고 보니 분당만큼 살기 좋은 곳이 없을 거라는 생각이 들었다. …또 밤하늘의 별을 볼 수 있어 좋았다. 공장이 전혀 없는 데다가 거리를 달리는 차량 수가 적다보니 대기가 청정한 때문이었다. 또 가까이 불곡산이 있어 등산하기 쉽고, 공유원처럼 잘 꾸며놓은 탄천의 둔치에서 산책을 즐길 수 있어 좋았다.

…채소는 주인의 발자국소리를 듣고 자란다는 말을 들은 나는 밭에 가서 살았다.

…그렇게 둘이서 땀 흘린 덕에 우리 집 식탁에는 끼니마다 싱싱한 채소가 풍성하게 올랐다. 뿐만 아니라, 아내는 밭에서 금방 솎아온 채소를 다듬어 이집 저집 나누어 주며 정겹게 지냈다."

우리 부부는 지금
잠시 별거중입니다
가약을 맺은 지 54년째인

지난해 늦가을에 헤어졌습니다
아내와 나는 그때까지
한지붕 밑에서 살을 맞대고
희로애락 겪으면서 늙었습니다

-중략-

목련꽃이 지는 어느 해 봄날
저녁노을을 바라보다가 문뜩
아내에게 다짐을 받았습니다
“나 죽거든 현충원에 묻어 줘요”
고개를 끄덕이며 아내가 말했습니다
“그럴 게요. 훗날 거기서 또 만나요”
그런 아내가 나를 두고 먼저 갔습니다
낙엽 지는 쓸쓸한 첫새벽에
천사처럼 조용히 잠들었답니다
-하략-

-〈우리 부부는 지금〉 중에서

나라를 지킨 무공수훈자와
안보를 다진 보국수훈자가
가슴 뿌듯한 긍지를 갖고
무훈정신으로 똘똘 뭉친

대한민국 무공수훈자회

나서 자란 고향과
젊음을 보낸 일터와
지금 살아가는 형편은
저마다 다르지만

우리들은 하나같이
사선死線을 넘나들며
승전고를 울리고
살아서 돌아온 호국용사다
국가보위에 신명을 바쳐
충성을 다한 보국용사다

-〈그 이름 빛나라〉 중에서

높은 연세에도 젊은 시절의 강을 그리며, 조용히 노래하고 있는 모습을 보는 우리는 한없는 존경의 마음가짐이 된다. 단시조와 연시조 작품들, 이어서 현대시에 이르기까지 담담한 자세를 바라보게 된다. 남북이 하나되는 지리산 천년송의 기도처럼 함께 순수하고 소박한 모습을 찾아나선다. 부디 고덕삼우(高德三友)의 끊임없는 우애처럼 나날이 새로운 자세로 건승하시길 축수한다. 착한 인간의 본성인 선비정신을 모처럼 읽어보았다. 인간과 자연의 친화를 절실히 느끼게 되었다. 배우고 가르침이 다같이 참다웁게 가는 자세가 부럽다.

교훈인 1. 뜨겁게 이 정성 대한민국에 바치자, 2. 즐겁게 손잡고 한 형제로 뭉치자. 3. 참되게 배워서 사도정신 드높이자. 를 지켜나가시는 분들께 자랑스런 마음으로 박수를 드린다.

시조는 한국 사람의 시이며 음악이다. 우리의 노래에는 향가, 고려가요, 경기체가, 가사, 시조 등 여러 시가들이 있었는데, 오직 시조만 천년을 이어가고 있다. 급속도로 변하는 세상에서 우리 함께 시조 부흥에 나서야될 줄 안다. 이상영 시인께 건승하시길 바라며 축하의 말씀을 올린다.

2018년 11월

이상영 시조시집

섬진강 연가

1판 인쇄 / 2018년 11월 25일

지은이 / 이 상 영
펴낸이 / 김 주 안
펴낸곳 / 도서출판 진실한 사람들
주소/ 서울특별시 종로구 삼일대로 457, 713호(경운동, 수운회관)
Tel/ 02-730-3046~7
Fax/ 02-730-3048
E-mail/ munvi22@hanmail.net
등록번호/ 제300-2003-210호
ISBN/ 978-89-91905-72-6

값10,000원